82

LES

RÉACTIONNAIRES

DU JOUR

PAR

M. ALFRED BOULLENOT.

1re Livraison.

LOUIS-NAPOLÉON BONAPARTE.

PREMIÈRE ÉDITION.

Prix 30 centimes.

PARIS

GARNIER, LIBRAIRE,

RUE DE RICHELIEU, 10.

1849

BIBLIOTHÈQUE IMPÉRIALE

Lb55 1176

LES

RÉACTIONNAIRES

DU JOUR

PAR

BIBLIOTHÈQUE NATIONALE
R.F.
IMPRIMÉS

M. ALFRED BOULLENOT.

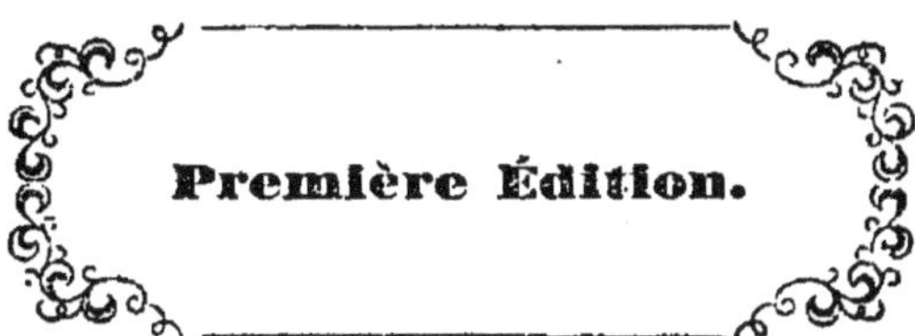

Première Édition.

PARIS

GARNIER, LIBRAIRE,

RUE DE RICHELIEU, 10.

1849

LOUIS-NAPOLÉON BONAPARTE [1].

Ce sont les Républicains qui ont compromis la république.

Ce sont les Socialistes qui ont compromis le socialisme.

Les réminiscences ridicules des premiers, les impatiences fiévreuses des seconds ont fait tout le mal.

Les Républicains arrivés au pouvoir par un coup inattendu de la fortune se sont imaginé, que pour fonder la nouvelle république il fallait recourir aux souvenirs d'une époque évanouie et ressusciter une mise

(1) Chaque livraison contiendra un ou deux portraits de Réactionnaires, et paraîtra de quinze jours en quinze jours. La réunion de douze livraisons, à la feuille de 36 pages chacune, formera un fort volume, format Charpentier, composé de 432 pages.

(Note de l'Editeur.)

en scène qui, après un demi-siècle, épouvantait encore les esprits. Enfants terribles, ils n'ont vu dans l'idée démocratique qu'une parodie dont déjà les théâtres des boulevarts ne voulaient plus.

Selon eux, pour inaugurer le pouvoir nouveau, il fallait les saturnales des faubourgs insurgés, se ruant sur la ville au son des tambours. Il voulaient les piques populaires surmontées du bonnet phrygien, le drapeau rouge, le tocsin sonnant à grandes volées, les rumeurs immenses de la multitude battant les murs de l'Hôtel-de-Ville, comme les flots limoneux d'un torrent déchaîné.

Ce qu'ils rêvaient, c'étaient les discours sonores plus remplis de paroles que d'idées, les poses dantonniennes, les clubs, conspirations permanentes, pour menacer les rois, la noblesse et le clergé.

Ils firent tant qu'ils parvinrent à monter leur pièce. L'illusion fut assez bien conservée. Le Gouvernement provisoire ne délibéra plus que sous la pression des émeutes. Blanqui rugissait dans son club, Raspail occupait les hauteurs du Panthéon ; nouveau Santerre, Courtais commandait la garde nationale, et enfin Ledru-Rollin était parvenu à si bien se grimer qu'on eût dit Danton ressuscité. Il en avait le geste et la voix, il en suivait les traditions avec une scrupuleuse exactitude. Il jetait sur la province étonnée des dictateurs obscurs puisés dans les conspirations et les estaminets.

Mais les conspirations contre lesquelles tous ces républicains s'apprêtaient à lutter, n'existaient que dans leurs cerveaux en délire !...

Louis-Philippe était parti sans espoir de retour. Le duc de Bordeaux, refoulé dans son exil et son passé, n'était plus qu'un souvenir oublié, un fétiche adoré par quelques rares fidèles.

Le Clergé n'existait plus comme corps politique; la Noblesse avait perdu son prestige et son éclat sous le règne de la bourgeoisie personnifiée dans la personne du dernier roi.

Les rois d'Europe ne songeaient pas à s'inquiéter de la nouvelle république. De graves complications les retenaient au milieu de leurs peuples insurgés.

Les barricades de Février avaient eu de

nombreuses filles. Vienne et Berlin se hérissaient de pavés soulevés. La Hongrie se secouait dans son indépendance, comme une cavale indomptable qui s'indigne devant un maître. Le Czar tremblait dans son despotisme, en sentant venir jusqu'à lui les chaudes aspirations de la liberté.

L'Italie semblait revenue aux temps antiques. L'ombre des anciens Romains était sortie de leurs tombeaux, et appelait les jeunes générations au combat de la guerre sacrée.

Le Bourbon de Naples sentait osciller la couronne sur sa tête, et ses peuples s'émouvoir sous son trône comme la lave de ce volcan dont il pouvait apercevoir la fumée des fenêtres de son palais.

Charles-Albert jeté au milieu de la démocratie dont les vagues montaient jusqu'à lui, se laissait emporter dans l'enthousiasme et la liberté, et devenait le chef de la guerre sainte de l'Italie contre l'Autriche.

Quoique le rôle des Socialistes fût plus nouveau, il fut aussi puéril, aussi dépourvu d'intelligence que celui des Républicains.

Le socialisme représente l'idée du progrès, l'avenir de l'humanité; le socialisme (1) c'est l'ensemble des instincts généreux qui pousse le présent dans les réformes utiles et possibles. Le socialisme, c'est l'application vraie de l'Evangile.

Ceux qui, dès la proclamation de la république, s'intitulèrent *socialistes* ne furent pour la plupart que des rêveurs impossibles, agitant les classes ouvrières pour des utopies tout au plus dignes de figurer dans un hôpital de fou.

Ils ont fait si bien qu'ils ont fait prendre en horreur l'idée socialiste. Ils ont fait si bien que le ridicule ne leur a pas suffi; il leur a encore fallu un bain de sang pour consacrer leurs erreurs et les faire maudire.

Ils sont tombés les uns et les autres.

(1) Il faut dorénavant que la peur ignorante et déraisonnable n'empêche plus de distinguer *le bon Socialisme du mauvais Socialisme,* et qu'elle sache qu'il y a autant de distance entr'eux qu'entre *les bons et les mauvais instincts...*

Pour plus amples détails des différences bien établies entre le bon et le mauvais Socialisme, consulter l'article LE SOCIALISME ET L'IMPÔT, de M. Emile de Girardin. (*Presse* du 24 septembre 1842.)

C'était justice ! Et cependant le cœur des amis de la liberté s'est senti pris d'une grande tristesse, en voyant cet immense désarroi, en suite duquel le sort de la France a été remis entre les mains d'un homme qui par sa naissance appartenait au parti anti-républicain.

On croit que c'est son nom qui l'a porté au pouvoir; non, ce furent les fautes des Républicains et des Socialistes, et la terreur qu'ils avaient inspiré.

Et si Louis-Napoléon-Bonaparte aujourd'hui président de la République a quelques cierges à brûler pour fêter ceux qui l'ont poussé au pouvoir, il doit surtout les offrir aux images de nos petits révolutionnaires de 48, ces Danton sans peuple, ces Marat sans terreur et sans échafauds, pauvres comédiens qui n'auraient pas même dû faire peur !

Donc, Louis-Napoléon Bonaparte est devenu président, presque empereur; des généraux caracolent autour de lui dans les rues, des ministres puisés dans les antichambres de Louis-Philippe ou parmi les serviteurs de la légitimité, préparent ses décrets et font fonctionner sous son inspiration la machine gouvernementale, comme au bon temps du roi Louis-Philippe de regrettée mémoire! Aussi lui dois-je la première place dans ces tableaux.

Certes, je ne veux y mettre ni blason, ni armoiries; je ne suis pas un flatteur ni pour les gens d'en bas, ni pour les gens d'en haut. Je n'aime ni la terreur rouge, ni la terreur blanche. Je déteste également l'échafaud et le droit divin. (1) Je ne veux dire que la vérité, je ne veux peindre que ce que je verrai.

J'ai la première qualité pour saisir la ressemblance, je suis sans passion. Je n'aime que la liberté et le progrès, sans utopie.

Au physique, Louis-Napoléon Bonaparte, ne ressemble en rien au grand empereur qui a rempli le monde de sa gloire et de son nom; il ne porte pas de petite redingote

(1) Et à propos de cette fiction *droit divin*, nous nous ferons cette question? Si ses partisans et ses défenseurs dans les journaux accordent que le droit de souveraineté émane uniquement du peuple, et n'est que par faveur concédé par lui à son souverain qui le traite en mineur; jusqu'à quand le peuple avec sa chaîne de rois pour l'avenir, resterait-il donc en état de minorité?

grise, il ne prise pas même dans la poche de son gilet. Il porte un chapeau rond comme le premier bourgeois du monde; mais en place, il monte à cheval comme un vrai gentlemen-riders; nul mieux que lui ne sait faire caracoler un cheval fougueux et parader dans une revue.

Petit de taille, il n'est pas sans élégance. S'il était un simple fils de famille, on pourrait dire de lui que c'est un garçon accompli, un parfait gentilhomme. Je suis sûr que le Jockey-Club doit regretter de ne pas le voir figurer parmi ses membres.

Politiquement parlant, Louis-Napoléon a eu une jeunesse orageuse, et accidentée. Très-jeune il rêvait l'empire; plus tard il devenait socialiste; aujourd'hui, il est républicain honnête et modéré. Que sera-t-il demain? Il ne le sait peut être pas lui-même.

Les temps sont changeants! Les idées passent dans l'air avec la rapidité des nuages poussés par le vent. Ce qui est bien aujourd'hui peut être mauvais demain.

Pour nous, nous ne sommes pas prophète; nous ne pouvons raconter que le passé et saisir le présent en nous hâtant, de peur qu'il nous échappe sous la mobilité de l'atmosphère au milieu de laquelle nous vivons.

En 1836, le jeune prince, fatigué des ennuis de l'exil, sentant que la France étouffait sous le régime bâtard du constitutionalisme, devinant que la France s'ennuyait de la cuisine bourgeoise qui se faisait aux Tuileries, crut que l'odeur de la poudre pourrait lui plaire. Il savait que la France aimait son nom; qu'elle avait donné à son oncle, en échange de la gloire, jusqu'à son dernier sou, jusqu'à son dernier homme. Il crut que le moment était venu, et voilà que ce jeune homme, plein d'un audacieux courage, sans suite, sans équipage, comme un véritable étudiant allemand qui se met à parcourir le monde sa valise sur le dos, s'en va à Strasbourg dans le but de proposer à quelques régiments d'échanger le coq gaulois (pauvre oiseau qui depuis 1830 avait perdu sa voix) contre l'aigle impérial, qui au moins était un glorieux souvenir!

La conspiration s'ourdit. Il y eut de nombreux complices; mais que voulez-vous? Pour prendre un pays comme la France, il ne suffit pas de quatre hommes et d'un caporal; il faut mieux que cela : il faut la volonté du pays. Or, la France quoique lasse, n'était pas encore dégoûtée; il lui fallait les dernières années du règne de Louis-Philippe, et les premiers mois de notre jeune république pour la jeter dans les bras du jeune téméraire !

La conspiration échoua.

Deux ans plus tard, il la renouvela à Boulogne.

Peut-être bien cette fois la trahison était-elle de la partie, et le vieux Louis-Philippe tenait bien peut-être le fil du lacet qui devait jeter l'imprudent dans le fort de Ham.

Trahison ou imprudence! Louis-Napoléon devint donc prisonnier d'Etat.

Cette époque fut la plus intéressante de sa vie. La solitude est bonne conseillère; elle est l'amie du travail et de la méditation.

Enfermé entre les quatre murs d'une forteresse, il oublia ses rêves de grandeur si promptement évanouis. Ne pouvant recueillir la succession de l'Empereur, il songea à se faire un patrimoine à lui, patrimoine d'étude et de travail. Malheureux, il songea aux malheureux. Abandonné par la fortune, il se rappela qu'il y avait dans le monde une multitude qui n'a pas même le toit d'une prison pour abri. Il devint *socialiste.*

Au mois de mai 1844, le captif de Ham publia un petit volume qui avait pour titre :

EXTINCTION DU PAUPÉRISME

OU

PROJET D'ORGANISATION AGRICOLE

Pour l'amélioration du sort des Travailleurs.

Le titre était ambitieux ; le but était louable et digne de celui qui, un instant, avait rêvé conquête de royaume et couronne impériale. Ce petit livre, ou plutôt cette brochure, est divisée en cinq chapitres. Si cela ne vous ennuie pas trop, lecteurs, feuilletons ensemble le fruit des méditations de celui qui nous gouverne aujourd'hui :

Selon lui, et nous sommes de son avis, la richesse d'un pays dépend de la prospérité de l'agriculture et de l'industrie, du développement du commerce intérieur et extérieur, de la juste et équitable répartition des revenus publics.

Il n'y a pas un seul de ces éléments divers du bien-être matériel qui ne soit miné en France par un vice organique.

Alors le jeune prince, en bon socialiste qu'il est, commence le procès de la société actuelle. Il critique notre édifice social, comme aurait pu le faire Louis Blanc ou Proudhon de récente mémoire.

Ecoutons-le :

« Agriculture. Il est avéré que l'extrême « division des propriétés tend à la ruine de « l'agriculture, et cependant le rétablisse- « ment de la loi d'aînesse, qui maintenait « les grandes propriétés et favorisait la « grande culture, est une impossibilité. Il « faut même nous féliciter, sous le point « de vue politique, qu'il en soit ainsi.

« Industrie. L'industrie, cette source de « richesses, n'a aujourd'hui ni règle, ni or- « ganisation, ni but. C'est une machine qui « fonctionne sans régulateur; peu lui im- « porte la force motrice qu'elle emploie. « Broyant également dans ses rouages les « hommes comme la matière, elle dépeuple « les campagnes, agglomère la population « dans des espaces sans air, affaiblit l'esprit « comme le corps et jette ensuite sur le

« pavé, quand elle ne sait plus qu'en faire, « les hommes qui ont sacrifié, pour l'enri- « chir, leur force, leur jeunesse, leur exis- « tence. Véritable Saturne du travail, l'in- « dustrie dévore ses enfants et ne vit que « de leur mort.

« Faut-il cependant, pour parer à ses dé- « fauts, la placer sous un joug de fer, lui « ôter cette liberté qui seule fait sa vie, la « tuer en un mot parce qu'elle tue, sans « lui tenir compte de ses immenses bien- « faits? Nous croyons qu'il suffit de guérir « ses blessés, de prévenir ses blessures.

« Mais il est urgent de le faire : car la « société n'est pas un être fictif; c'est un « corps en chair et en os, qui ne saurait « prospérer qu'autant que toutes les parties « qui le composent sont dans un état de « santé parfaite.

« Il faut un remède efficace aux maux de « l'industrie : le bien général du pays, la « voix de l'humanité, l'intérêt même des « gouvernements, tout l'exige impérieuse- « ment.

« Commerce intérieur. Le commerce in- « térieur souffre, parce que l'industrie, pro- « duisant trop en comparaison de la faible

« rétribution qu'elle donne au travail, et « l'agriculture ne produisant pas assez, la « nation se trouve *composée de producteurs* « *qui ne peuvent pas vendre et de consomma-* « *teurs qui ne peuvent pas acheter;* et le « manque d'équilibre de la situation con- « traint le Gouvernement, ici comme en An- « gleterre, d'aller chercher jusqu'en Chine « quelques *milliers* de consommateurs en « présence de *millions* de Français ou d'An- « glais qui sont dénués de tout, et qui, *s'ils* « *pouvaient acheter de quoi se nourrir et se* « *vêtir convenablement,* créeraient un mou- « vement commercial bien plus considérable « que les traités les plus avantageux. »

« Commerce extérieur. Les causes qui pa- « ralysent nos exportations hors de France « touchent de trop près à la politique pour « que nous voulions en parler ici. Qu'il « nous suffise de dire que la quantité de « marchandises qu'un pays exporte est tou- « jours en raison directe du nombre de *bou-* « *lets* qu'il peut envoyer à ses ennemis « quand son honneur et sa dignité le com- « mandent. Les évènements qui se sont « passés récemment en Chine sont une « preuve de cette vérité. »

Quant à l'impôt, voici ses idées à ce sujet :

« Le prélèvement de l'impôt peut se com-
« parer à l'action du soleil qui absorbe les
« vapeurs de la terre, pour les répartir en-
« suite à l'état de pluie sur tous les lieux
« qui ont besoin d'eau pour être fécondés et
« pour produire. Lorsque cette restitution
« s'opère régulièrement, la fertilité s'ensuit ;
« mais lorsque le ciel, dans sa colère, dé-
« verse partiellement en orage, en trombes
« et en tempêtes, les vapeurs absorbées, les
« germes de production sont détruits, et il
« en résulte la stérilité, car il donne aux
« uns beaucoup trop et aux autres pas assez.
« Cependant, quelle qu'ait été l'action bien-
« faisante ou malfaisante de l'atmosphère,
« c'est presque toujours, au bout de l'année,
« *la même quantité d'eau* qui a été prise et
« rendue. La *répartition* seule fait donc la
« différence. Equitable et régulière, elle crée
« l'abondance ; prodigue et partiale, elle
« amène la disette. »

Les idées du captif se tournent vers l'agriculture qui recèle dans ses flancs la solution du problème social, et il se rencontre à ce sujet avec plusieurs socialistes et même avec des esprits fort sérieux qui jamais n'ont voyagé dans les pays fleuris de l'île d'Utopie.

Fourier et Raspail ont, comme lui, rêvé de l'avenir agricole de la France. Examinons donc par quels moyens il veut féconder la nourrice du genre humain.

On dirait, à voir son projet, que son système est le fruit des méditations d'*un vieux de la vieille* devenu socialiste à la suite de quelques chagrins domestiques. Son projet, c'est l'Empire se levant tout d'une pièce de sa tombe glorieuse, non pas pour aller faire une descente en Angleterre ou une excursion en Russie, mais s'avançant en bel ordre de bataille avec des sergents et des généraux pour faire la guerre à la nature et la vaincre sous d'héroïques efforts.

« Il y a, dit-il, en France neuf millions » cent quatre-vingt-dix mille hectares de « terres incultes qui appartiennent soit au « gouvernement, soit aux communes, soit « à des particuliers. Ces landes, bruyères, « communaux, pâtis, ne donnent qu'un re- « venu extrêmement faible, 8 francs par « hectare. C'est un capital mort qui ne pro- « fite à personne. Que les Chambres décrè- « tent que toutes ces terres incultes appar-

« tiennent de droit à l'association ouvrière, « sauf à payer annuellement aux proprié- « taires actuels ce que ceux-ci en retirent « aujourd'hui; qu'elles donnent à ces bras « qui chôment ces terres qui chôment égale- « ment, et ces deux capitaux improductifs « renaîtront à la vie l'un par l'autre. On « aura trouvé le moyen de soulager la mi- « sère, tout en enrichissant le pays. Afin « d'éviter le reproche d'exagération, nous « supposerons que les deux tiers seuls de « ces neuf millions d'hectares puissent être « livrés à l'association, et que l'autre tiers « soit indéfrichable ou occupé par les bâti- « ments, les ruisseaux, canaux, etc. il res- « terait 6,127,000 hectares à défricher. Ce « travail serait rendu possible par la créa- « tion de colonies agricoles qui, répandues « sur toute la France, formeraient les bases « d'une seule et vaste organisation dont « tous les ouvriers pauvres seraient mem- « bres, sans être personnellement proprié- « taires.

« Les avances nécessaires à la création « de ces établissements doivent être four- « nies par l'Etat. D'après nos estimations, « ce sacrifice s'élèverait à une somme d'en-

« ron trois cents millions, payés en quatre
« ans ; car, à la fin de ce laps de temps, ces
« colonies, tout en faisant vivre un grand
« nombre d'ouvriers, seraient déjà en bé-
« néfice. Au bout de dix ans, le Gouverne-
« ment pourrait y prélever un impôt fon-
« cier d'environ huit millions, sans compter
« l'augmentation naturelle des impôts indi-
« rects, dont les recettes augmentent tou-
« jours en raison de la consommation, qui
« s'accroît elle-même avec l'aisance géné-
« rale. »

Voici la proposition de l'auteur telle qu'il l'a formulée lui-même. Voyons maintenant à quelle organisation il voudrait soumettre ces masses considérables d'hommes se concentrant sur différents points pour coloniser les terres incultes.

Ici apparaît l'homme de l'Empire, perce le soldat pour qui la discipline est l'*ultima ratio*. Il veut que ses soldats-laboureurs soient divisés par dixaines, commandées par un prudhomme dont le rôle serait celui du sous-officier dans l'armée. Il applique la même méthode à l'industrie privée.

Au-dessus des prudhommes, il y aura

des directeurs; au-dessus des directeurs un gouverneur.

Sous-officiers, capitaines et colonel, le régiment est complet; il n'y a que les noms de changés, il n'y manque que la salle de police, qui peut-être n'est qu'un oubli involontaire.

Ecoutons plutôt l'auteur :

« Une discipline sévère régnera dans ces « colonies; la vie y sera salutaire, mais « rude, car leur but n'est pas de nourrir « des fainéants, mais d'ennoblir l'homme « par un travail sain et rémunérateur et « par une éducation morale. Les ouvriers « et les familles occupés dans ces colonies « y seront entretenus le plus simplement « possible. Le logement, la solde, la nour-« riture, l'habillement seront réglés d'a-« près le tarif de l'armée; car l'organisa-« tion militaire est la seule qui soit ba-« sée à la fois sur le bien-être de tous ses « membres et sur la plus stricte écono-« mie. »

Il est vrai que quelques lignes plus bas le réformateur, craignant sans doute d'épouvanter les nouveaux colons par la perspective peu rassurante du knout, a le soin d'ajouter que ces établissements n'auront rien de militaire, qu'ils ne feront qu'emprunter à l'armée son ordre admirable.

Certes, plus que personne nous sommes les partisans sincères de l'ordre, mais nous ne croyons pas que l'ordre militaire puisse convenir aux colonies agricoles.

A l'armée, la discipline s'exerce sur des individus n'ayant avec eux ni femmes, ni enfants; les conditions sont les mêmes. Le niveau de la discipline y est facile à établir; mais vouloir l'appliquer à des hommes mariés, la plupart du temps surchargés d'enfants, exposés à toutes les vissicitudes de la vie de ménage, ce serait vouloir jeter une symétrie impossible dans l'inégalité; l'uniformité dans la variété.

Sans doute, le neveu de l'Empereur, lorsqu'il se laissait aller à de généreuses inspirations, avait l'esprit préoccupé des grandes guerres de son oncle; des images glorieuses flottaient dans sa pensée, et le reportaient malgré lui à ces temps héroïques. Rempli d'admiration à la vue des prodiges accomplis par la discipline des armées, il s'imagina que l'on pouvait conquérir les landes sauvages, les montagnes, incultes, en se servant du même procédé; il crut que pour coloniser, il suffisait d'échanger le canon contre la charrue.

Erreur et illusion !... La guerre a ses lois et ses secrets, l'agriculture a ses procédés.

Un autre reproche que nous ferons à ce système, c'est de se servir de la ressource presque commune à tous les socialistes, c'est-à-dire de recourir au vieux moyen de l'expropriation.

Entre le milliard de Barbès, et le projet de Louis-Napoléon Bonaparte, il n'y a pas autant de différence que l'on pourrait le croire, et l'indemnité qu'il propose pourrait bien n'être pas du goût de messieurs les Conservateurs qui aujourd'hui remplissent ses antichambres, occupent ses ministères, et le proclament le Napoléon de la paix. Toute idée d'expropriation est, comme on le sait, peu sympathique à ces messieurs.

Il est vrai que ce péché était un péché de jeunesse. Le Président de la République était jeune alors. Il ne s'était point encore trouvé face à face avec les dures réalités du pouvoir, et aujourd'hui, il s'est si bien déclaré contre les Socialistes que le petit homme de la place Saint-Georges doit lui avoir donné l'absolution pour cette faute que le temps a prescrite.

Certainement, il y a quelque chose dans le projet de Louis-Napoléon Bonaparte. Ses aspirations vers l'agriculture dénotent en lui un esprit sérieux et pratique. Pour nous, si nous nous faisions jamais réformateur, ce dont Dieu nous garde, nous préférerions l'organisation communale à l'organisation militaire, et lorsqu'on nous parle de colonisation agricole, nous songeons malgré nous à ces grandes irruptions d'hommes qui sillonnaient le monde au moyen-âge. Des chefs aventureux se mettaient à la tête de ces colonies armées qui, en s'éparpillant sur le sol conquis, s'organisaient bientôt en familles, et formaient des royaumes.

L'armée est nécessaire à la conquête, la famille est indispensable au défrichement. L'armée, c'est le combat, la discipline, le courage, les efforts gigantesques dont on se repose le lendemain. La colonisation, au contraire, c'est le travail persévérant de chaque jour, la lutte patiente de l'homme contre la nature. C'est la femme qui prépare le repas quotidien, les enfants qui d'abord sont une charge et plus tard un secours. La colonisation, c'est la vie telle que nous la voyons sous nos yeux dans les campagnes.

Ce n'est pas le clairon qui réveille le laboureur, mais le chant matinal du coq. On ne laboure pas comme on fait un exercice en douze temps. A l'armée, tout est prévu et réglé d'avance; dans les champs, au contraire, tout est varié. Aujourd'hui, il fait beau, c'est le jour de la moisson ou de la vendange ; demain il pleuvra, ce sont les travaux de l'intérieur. Au point du jour dans la plaine, le soir à la montagne.

Allez donc maintenir la discipline dans une armée contre qui conspireraient les enfants, la nature, et la femme plus capricieuse encore! La discipline y serait la plus dure des servitudes, une cause permanente de ruine pour la colonie.

Etes-vous entré quelquefois dans une de ces granges du midi où l'on élève les vers à soie. Quelle variété dans les soins! Cette maison qui est située sur la hauteur a besoin de se garantir du vent trop vif de la montagne. Il faut lutter contre l'air, faire le feu aux quatre coins de la pièce.

Voyez plus bas, au contraire, cette magnanerie sise dans le vallon ; l'air y est pesant, lourd; il faut ouvrir toutes les fenêtres, recourir à des ventilateurs, lutter contre la chaleur comme on lutte là-haut contre le froid La belle chose que la discipline pour mener à bien la récolte ; et, comme le caporal serait embarrassé pour concilier les exigences de la plaine avec celles de la montagne, s'il fallait faire marcher les deux établissements, au son du tambour, comme à l'exercice !

On ne peut pas le nier. Il y a de bonnes idées jetées çà et là dans les écrits de Louis-Napoléon. Il y a surtout de bonnes intentions. Ainsi, nous lisons les lignes suivantes, extraites de ses *Considérations politiques et militaires sur la Suisse :*

« Tout système financier doit se réduire « désormais à ce problème : *Soulager les* « *classes pauvres.*

« Sous un gouvernement sage, et où le « chef veille à ce que les deniers du peuple « ne soient pas dilapidés, on peut faire de « grandes économies sans entraver les dif- « férentes branches d'administration. Le « budget de Napoléon, malgré la guerre, « n'excéda jamais 6 ou 700 millions. En

« 1814 seulement, il fut porté à 1 milliard « 076,800,000 francs, et il fit face à cette « énorme dépense sans emprunt. Il disait « qu'un budget de 600 millions devait suf- « fire à la France en temps de paix; et au- « jourd'hui, malgré la paix, il est de 1 mil- « liard 160,053,658 francs, ainsi de 400 « millions plus fort qu'il n'était sous Napo- « léon, et de 500 millions plus fort qu'il ne « devrait être en temps de paix (1).

Aujourd'hui, le captif de Ham est en pleine liberté; au lieu d'être proscrit, il est président de la République; il est à même

(1) On reproche souvent à l'Empereur d'avoir introduit de nouveaux impôts; on ne pourrait tout au plus lui reprocher que de les avoir déplacés. Il établit les droits-réunis pour pouvoir ôter les taxes vexatoires des barrières sur les routes, et réduisit de plusieurs millions l'impôt foncier. La force des circonstances, les guerres perpétuelles l'obligèrent à recourir à ces moyens extrêmes qui auraient en partie disparu à la paix. Ce système, il est vrai, était très impopulaire; mais il valait encore mieux que de grever l'Etat de dettes par le moyen d'emprunts qui ruinent la nation, ou de recourir aux faux expédients comme la fausse monnaie de Frédéric-le-Grand ou les assignats de la République.

(*Note de l'Editeur des œuvres de Louis-Napoléon.*)

de faire passer ses *rêveries politiques* à l'état de réalité. Tout lui en fait un devoir; l'élection du 10 décembre a été un grand acte de confiance de la France.

La confiance d'une grande nation est comme noblesse, elle oblige.

Cela est vrai: les impôts se sont continuellement augmentés depuis l'Empire. A chaque révolution nouvelle, le pays espérait les voir décroître. Ils n'ont fait que grandir. Aujourd'hui, la France est épuisée; l'agriculture languit sous l'absorption incessante du budget, ce gouffre dont personne ne connaît les mystères. Il est temps que cet état change. Le peuple l'espère; la France le veut.

Mais, entre vouloir et pouvoir il y a toutes les exigences de ce vieux parti corrompu de Louis-Philippe, qui demande des places et des honneurs en échange de son dévouement vénal.

Et puisque nous sommes sur ce sujet, qu'on nous permette quelques idées qui nous tourmentent et nous obsèdent :

Selon nous, il y aurait un moyen bien simple de diminuer l'impôt, ce serait de supprimer toutes les places inutiles (et il y en a bon nombre), et d'amoindrir les traitements; car, vrai-dieu, nous sommes en temps de république, et la France ne demanderait pas mieux que d'être administrée plutôt par *honneur* que par *intérêt*.

Que ceux qui ont leur fortune à faire se jettent dans l'industrie ou l'agriculture! qu'ils se fassent médecins ou avocats, c'est leur affaire; mais qu'ils ne croient pas que la fortune publique est la leur, et que c'est une carrière que d'être nourri par l'Etat.

Que l'on restreigne les cadres de l'armée! M. Emile de Girardin qui bien souvent est un esprit fâcheux et excentrique, quoique doué d'un talent remarquable, a raison sur ce point. C'est 300,000,000 à économiser par an. Certes, la somme est forte et mérite qu'on y réfléchisse!

Une autre réforme à tenter, ce serait de rendre TOUS LES IMPOTS SPÉCIAUX.

Pourquoi n'y aurait-il pas :

Un impôt pour la justice;

Un impôt pour l'instruction publique;

Un impôt pour les travaux publics, etc.

Au moins la France y verrait clair, au sein des ténèbres de son budget; elle saurait où passent ses deniers; elle pourrait se rendre compte de ses dépenses jusqu'à un liard.

Quelle lumière cela jetterait pour opérer une réforme administrative, ce besoin de notre époque? comme on distinguerait bien les rouages inutiles de la machine, et comme il serait facile de les supprimer.

Quel que soit le moyen qu'il songe à employer pour résoudre le problème financier de la France, le Président de la République ne doit pas oublier que son élection se faisait dans les campagnes au bruit répété de l'abaissement de l'impôt. Notre pays a de la mémoire; il n'aime pas les désillusions.

Lorsque Louis-Napoléon arriva au pouvoir, il comprit que la cause de son élévation était surtout due à la répulsion violente qu'avaient inspirée les républicains de la veille. Les campagnes se souvenaient avec colère de l'impôt des 45 centimes. La bourgeoisie de la province songeait avec indignation aux tentatives terroristes de Ledru-Rollin qui avaient froissé la fierté nationale.

Le sang de Juin, résultat de la création des ateliers nationaux et des doctrines socialistes mal comprises, épouvantait encore.

On sentait le besoin de se rattacher à quelque chose de fort et de populaire.

Près de cinq millions de suffrages furent donnés à Louis-Napoléon Bonaparte.

Deux routes s'ouvraient devant le nouveau président de la République. L'une consistait à prendre les hommes de la monarchie et à composer ainsi un replâtrage semi-constitutionnel, semi-monarchique ; à comprimer la France dans son essor révolutionnaire pour vivre ainsi quelques jours, quelques heures dans un *statu quo* bâtard, espèce de trêve de Dieu, après laquelle les partis devaient se retrouver dans l'arène avec leurs prétentions et leurs haines contraires.

L'autre chemin imposait le devoir de prendre la révolution par la tête, de la conduire, de la diriger pacifiquement. Cette tâche était facile.

Il suffisait de lancer la machine gouvernementale au milieu des eaux de la démocratie débordée, et de suivre le courant des idées. Pour cela, il fallait rompre avec tous les hommes de la monarchie, payer d'ingratitude ceux par qui on avait été porté au pouvoir, conduire la France vers les rivages inconnus d'une république réelle.

La France qui détestait la république qu'elle ne connaissait que de nom, aurait appris à l'aimer en la voyant forte et fructueuse. Les fruits eussent fait aimer l'arbre.

Nous ne voulons pas dire pour cela qu'il eût fallu appeler au pouvoir les terroristes de 93 ou les idéologues systématiques de l'utopie.

La banque de Proudhon, le phalanstère de Considérant, la communauté de Cabet sont des utopies irréalisables.

Confier le pouvoir à ces apôtres aventureux eût été folie et signal d'insurrection. Mais il y avait au sein des idées soulevées par la révolution de Février une foule de réformes fructueuses.

Girardin proposait une simplification administrative qui mérite l'examen. Raspail surtout, offrait une solution à la crise par l'agriculture. Les idées du savant prisonnier de Vincennes étaient du reste en harmonie avec celles de l'auteur de *l'Extinction du paupérisme*.

La province réclamait la décentralisation administrative, la simplification des rouages.

Dans les campagnes, l'usure ruinait la

petite agriculture; une réforme hypothécaire était urgente; l'établissement d'une banque agricole indispensable.

L'armée dévorait la meilleure partie du budget, il fallait la restreindre : quand on a cinq millions de suffrages, on n'a pas besoin de cinq cent mille fusils pour s'affermir au pouvoir. Mais Louis-Napoléon avait appelé autour de lui des hommes sans idées, usés dans les déplorables essais de la monarchie qui s'était écroulée sous leur impuissance. Rien ne fut fait de ce qui était utile. Plusieurs inconséquences furent commises.

Nous parlerons, entr'autres, de la fatale expédition de Rome, cette complication malheureuse qui a failli nous replonger dans l'incertitude des révolutions.

Pie IX avait donné le signal de la liberté à l'Italie; mais bientôt il avait reculé devant son propre ouvrage. La démocratie qu'il avait fait asseoir avec lui sur le trône pontifical, l'effrayait. Entendant les grands bruits qui se faisaient en Europe entre les peuples et les rois, le successeur de saint Pierre recula devant le baptême de sang qui allait consacrer la liberté du monde. Au lieu d'appeler à lui toutes les forces vives de l'indépendance italienne, au lieu de tendre la main aux Madgyars de Hongrie, aux révolutionnaires de Vienne et de Berlin, il fit appel à l'Autriche, au roi de Naples, à tout ce qui maudissait enfin l'idée républicaine.

Ce soufflet donné à son passé jeta l'indignation dans le cœur des républicains italiens. L'idole de leur liberté était descendue de son piédestal. Ils la couvrirent de leurs dédains. Pie IX, cédant alors aux conseils perfides et intéressés de la diplomatie des cours étrangères, s'enfuit de Rome.

Quel était le rôle de la France républicaine et catholique au milieu de cet évènement?

Devait-elle renier sa foi religieuse ou sa foi politique? Il y avait péril des deux côtés, La neutralité seule était pour le moment le conseil de la justice et de la prudence.

Mais au sein du conseil des ministres, il y avait des hommes aux principes absolus, imbus de la croyance légitimiste. M. de Falloux, ame honnête; mais subjugué par ses souvenirs d'enfance, ne pouvait s'imaginer la société, privée d'un pape revêtu de la puissance spirituelle et temporelle, ou même Rome avec un pape seulement possesseur du pouvoir spirituel. La fuite, à laquelle Pie IX s'était condamné, aux yeux du ministre avait été forcée. C'était donc un attentat contre tous les catholiques. Il fallait à tout prix restaurer complètement dans son ancien pouvoir le pape fugitif.

Il parlait avec la chaleur que donne la foi, l'entraînement de la croyance. Il avait à lutter contre des collègues sceptiques et voltairiens, habitués dès long-temps à tout raisonner et à ne croire à rien.

Son triomphe fut facile. On a bientôt ramené à soi des hommes sans principes arrêtés, et habitués à flotter dans les incertitudes du doute.

Louis-Napoléon, éprouvé par ses malheurs, aimait la foi robuste et jeune de M. de Falloux. Il se laissa entraîner; l'expédition de Rome fut résolue.

Cette expédition fût proposée à l'Assemblée constituante d'une manière douteuse et hypocrite. On donna à entendre que l'on n'allait à Rome que pour tenir une balance égale entre les fureurs de la démocratie et les exigences des coalitions monarchiques.

L'expédition fut escamotée avec une adresse merveilleuse.

Mais bientôt les complications recommencèrent, la France s'indigna en voyant nos soldats versant leur sang, pour combattre la République romaine. On se demandait partout quel était donc le vertige qui nous poussait à devenir les exécuteurs des hautes-œuvres de la monarchie. On s'inquiétait et on se demandait si ces présages n'étaient pas ceux d'une restauration prochaine, et si les armées de Radetzki, après avoir assisté à l'agonie de Rome, ne devaient pas revenir en France en ramenant le duc de Bordeaux?

Les Légitimistes souriaient comme dans l'approche de la réalisation de leurs désirs.

Les Républicains, au contraire, se croyant trahis, se mirent à conspirer comme par le passé, pour défendre la république menacée.

La division n'existait pas seulement dans la rue, elle existait encore parmi les agents du pouvoir. M. de Lesseps et le général Oudinot jetaient dans l'effervescence générale le feu de leurs querelles particulières.

Alors, quelques hommes impatients ou avides de pouvoir, poussés peut-être par la queue de leur parti, se mirent à crier *que la Constitution était violée*, et qu'il fallait renverser ce pouvoir qui reniait son origine en combattant nos frères de Rome. Ils proposèrent l'accusation des ministres et du Président de la République; ils allèrent plus loin, ils firent appel à l'émeute.

L'émeute leur manqua ; ils tombèrent misérablement sans combattre, et sans éveiller au sein du peuple autre chose que de la curiosité.

En effet, le 13 juin ne pouvait pas être une journée révolutionnaire. Un gouvernement ne tombe que lorsqu'il a tellement accumulé les fautes que la désaffection est devenue générale. Or, l'expédition de Rome était une imprudence; elle n'était pas une violation de la Constitution.

En effet, s'il fallait en croire tous ces docteurs des barricades, aucun pouvoir ne serait possible en France, et chacun de ses actes pourrait devenir une mine à explosion, un signal d'émeute. Une société comme la nôtre ne saurait vivre avec cette épée de Damoclès suspendue sur sa tête. Le commerce, l'industrie, l'agriculture ont besoin de repos.

Et bientôt elle maudirait la liberté et la

république s'il fallait les acheter au prix d'agitations continuelles.

Les agitateurs du 13 Juin eurent donc tort. On ne révolutionne pas ainsi un pays, en saisissant un de ces mille prétextes que la fatalité fait éclore chaque jour.

La révolution de 92 ne s'est pas faite sous l'influence d'une irritation passagère, sous le choc d'un évènement isolé; mais, elle s'est accomplie sous la pression des besoins qui s'étaient accumulés durant des siècles entiers.

La révolution de 92 n'a pas eu pour cause immédiate le *veto,* la prise de la Bastille, les complots de Louis XVI avec l'étranger, mais elle a éclaté parce que la Bourgeoisie, riche et instruite, était écrasée par les priviléges de la Noblesse; parce que le Clergé, ayant abandonné sa pauvreté primitive, était devenu une des puissances de la terre; puissance d'argent, puissance d'influence mondaine.

Elle a éclaté, cette révolution dont nous sommes les héritiers en ligne directe, parce que chaque siècle avait déposé sur l'édifice social un abus, un privilége. La royauté avait étouffé le progrès ; le progrès dans son essor victorieux traversa la royauté.

Mais, si nous donnons tort aux Montagnards modernes pour avoir fait une agitation stérile et impuissante, nous ne saurions absoudre l'élu du 10 décembre dans sa conduite au sujet des évènements de Rome. Les faits accomplis ont déjà démontré la justesse de nos appréciations.

Après avoir combattu la liberté et la république à Rome, après nous être faits les souteneurs de l'Autriche, le torrent de la réaction nous a emportés si loin, si loin ; l'arbitraire et la tyrannie sont devenus si violents, que le Président de la République est revenu, pour ainsi dire, sur sa politique. L'avenir l'a effrayé. Il a reculé épouvanté devant le fantôme de l'inquisition qui semblait ressusciter dans la personne des trois cardinaux auxquels Pie IX avait délégué le pouvoir, en attendant qu'il lui plût de rentrer dans sa bonne ville de Rome.

Nous avons lu la généreuse lettre de Louis-Napoléon Bonaparte à M. Edgar Ney. Nous ne pouvons qu'applaudir à cet esprit de retour vers la liberté et vers la république ;

mais nous ne pouvons nous empêcher de dire avec la France :

« Trop tard ! trop tard !... »

Tristes paroles, qu'entendit autrefois Charles X lorsqu'il fuyait Paris insurgé ! Paroles qui frappèrent aussi l'oreille de Louis-Philippe lorsqu'il montait dans un fiacre sur la place de la Concorde.

En rappelant cette double infortune, nous ne voulons pas jeter de sinistres présages pour l'avenir ; seulement, si notre voix s'élève assez haut pour qu'on l'entende, nous désirons qu'elle soit un salutaire avertissement comme celle du pilote qui aperçoit un point noir à l'horizon.

Maintenant, qu'arrivera-t-il de ce *meâ culpâ* envoyé au moment où la crise européenne semble toucher à sa fin ? Allons-nous réveiller l'esprit révolutionnaire lorsqu'il agonise par notre faute en Hongrie, en Allemagne et à Venise ? Allons-nous dire à ces nobles vaincus : Reprenez les armes, la France se décide enfin à jeter le poids de son épée dans la balance de vos destinées ?

Allons-nous, comme autrefois, recommencer dans le monde la sublime croisade des idées ?

La Russie va-t-elle remettre en marche les troupes qu'elle rappelle, et le Congrès de la paix, dispersé par un souffle de guerre, va-t-il gémir en voyant le monde livré à la mort et à la dévastation?

Non, telle n'est point la pensée qui a dicté la lettre présidentielle. Le neveu ne rêve point de la gloire de son oncle, et cependant cet acte de vertu tardive peut amener de terribles complications. L'Autriche victorieuse qui fusille les Madgyars ne voudra pas voir flotter sur les murs du Vatican le drapeau de la France devenu celui de la liberté. La Russie s'indignera et l'Angleterre laissera faire.

L'épître de Louis-Napoléon Bonaparte est républicaine, mais elle n'est point politique. C'est un noble coup de tête, voilà tout!...

Non, la guerre n'est pas le mot caché, l'espoir secret du Président de la République. Nous avons meilleure opinion de ce *bon sens* dont il veut faire la boussole de sa politique, car nous avons retenu les paroles qu'il laissait échapper au banquet des exposants de l'Industrie nationale :

« Messieurs, leur dit-il, le véritable congrès « de la paix n'était pas dans la salle Sainte- « Cécile; il est ici. C'est vous qui le compo-

« sez; vous, l'élite de l'industrie française. « Ailleurs, on ne formait que des vœux; ici, « sont représentés tous les grands intérêts « que la paix seule développe. Lorsqu'on a « admiré comme moi tous ces prodiges « de l'industrie étalés aux regards de la « France entière, lorsqu'on pense combien « de bras ont concouru à la production de « ces objets, et combien d'existences dépen- « dent de leur vente, on se console d'être « arrivé à une époque à laquelle est réservée « une autre gloire que celle des armes. En « effet, aujourd'hui, c'est par le perfection- « nement de l'industrie, par les conquêtes « du commerce, qu'il faut lutter avec le « monde entier, et, dans cette lutte, vous « m'en avez donné la conviction, nous ne « succomberons pas.

« Mais aussi, n'oubliez pas de répandre « parmi les ouvriers les saines doctrines de « l'économie politique, en leur faisant une « juste part dans la rétribution du travail; « prouvez-leur que l'intérêt du riche n'est « pas opposé à l'intérêt du pauvre. »

Ce sont là de sages et bonnes pensées, une nouvelle confirmation de son programme politique, une idée conciliatrice.

Nous nous rappelons ces deux paroles que la France a répétées avec acclamation :

« Ni réaction, ni utopie. »

Certainement jusqu'à ce jour, on ne peut accuser le chef du pouvoir exécutif de s'être laissé aller au désir de réaliser les utopies socialistes ; mais ce n'est pas tout, il lui reste à tenir la première partie de sa promesse, *point de réaction* !

La France y compte !...

Cependant ceux qui ont coutume de sonder les arcanes de la politique ont cru apercevoir dans celle de Louis-Napoléon des germes nombreux de réaction. Plusieurs les ont attaqués avec violence. Quelques-uns ont voulu les briser par une révolution.

Pour nous, qui ne laissons pas flotter nos idées vers ces pôles extrêmes où bouillonnent les orages, pour nous qui aimons mieux présumer le bien que le mal, nous croyons aux bonnes intentions du Président de la République, mais nous pensons que sa politique de conciliation n'est qu'une politique précaire et dangereuse. Il n'est pas facile de fusionner et d'amalgamer le rouge et le blanc, la république avec le droit divin, M. de Falloux le légitimiste avec M. Dufaure le semirépublicain de fraîche date, M. Thiers le voltairien avec M. de Montalembert l'ami des Jésuites.

Les haines politiques sont vivaces; leur mémoire n'est point oublieuse. Elles peuvent bien faire trève une heure, un jour, mais arrive toujours le moment où elles veulent sortir de leur engourdissement passager.

Ainsi, pour en finir avec cette malheureuse affaire de Rome, M. de Falloux en est le point de départ, M. Dufaure la conclusion; conclusion qui n'est qu'un disparate, qu'une anomalie.

M. Léon Faucher a dit une parole vraie :

« La France n'a pas de politique. »

Il aurait dû ajouter : « Parce qu'elle est tiraillée en sens divers, parce qu'elle flotte éperdue entre le droit divin et la république. »

Si M. Louis-Napoléon Bonaparte veut donner à la France ce qui lui manque depuis Février, une grande et forte politique, qu'il soit complètement républicain, qu'il mette de l'homogénéité dans le conseil de ses ministres, qu'il choisisse des hommes imbus de sa pensée, libres et indépendants dans leur foi politique. Alors nous ne verrons plus ces oscillations perpétuelles qui nous font la risée de l'Europe, dont les gouvernants, comme par le passé, seront forcés de compter avec nous.

Ceci est un beau rêve, facile à accomplir. La France veut être gouvernée. Elle suivra le chef qui la fera respecter.

Aujourd'hui, elle ressemble à une girouette poussée par tous les vents.

Tantôt elle sent s'agiter sur elle le souffle du passé, tantôt elle tressaille sous les bouffées de l'avenir qui la travaillent. Ici elle croit reconnaître la pensée d'un ministre légitimiste, là elle se réjouit en espérant le retour des idées républicaines.

Un tel état ne saurait durer. M. Napoléon-Louis Bonaparte doit se décider. Il faut chasser les vendeurs du Temple ou le leur livrer;

Il faut opter entre la monarchie et la république.

Qu'il choisisse !...

BIBLIOTHÈQUE NATIONALE R.F. IMPRIMÉS

15 Septembre 1849.

www.ingramcontent.com/pod-product-compliance
Lightning Source LLC
LaVergne TN
LVHW021713230826
846091LV00006BA/2160

* 9 7 8 2 0 1 2 9 7 1 1 4 1 *